AF495084

HENRIETTE,

PARADE ET FARCE,

EN PROSE,

MÊLÉES DE VAUDEVILLES:

EN DEUX ACTES.

Représentée pour la première fois le 30 Novembre 1768, par les Comédiens des Menus Plaisirs du Roi.

Amour par-tout,
Tout par Amour,
Par Amour tout,
Par-tout Amour.

Aux Emblêmes des Amours.

À PARIS,

Chez DES VENTES DE LADOUÉ, Libraire, rue Saint Jacques, vis-à-vis le Collége de Louis-le-Grand.

M. DCC. LXIX.

AVEC PERMISSION.

PRÉFACE.

SEIGNEUR PUBLIC, vous avez accueilli favorablement *les Resſorts amoureux d'Arlequin.* Puiſſé-je ne pas tromper votre attente, en vous communiquant cette nouvelle Farce! La plupart des Auteurs annoncent des merveilles dans leurs Préfaces, & n'en tiennent pas un mot. Pour moi, je ſens tous les défauts de ma Pièce : mais il y a des Pièces qui peuvent amuſer, & avoir des défauts ; comme il en eſt qui ennuyent, & qui ſont pourtant dans toutes les règles.

PERSONNAGES.

M. PERNÉTI, Chimiste.

Mad. PERNÉTI, son Épouse.

HENRIETTE, leur Fille unique.

DELCOURT, Conseiller. } *Amans d'Henriette.*

CARNAC, Financier. } *Amans d'Henriette.*

Mad. DUBUS, Veuve d'un Président, & Tante de DELCOURT.

ARLEQUIN, Garçon Chimiste.

Un MÉDECIN.

Un CHARBONNIER.

Des SERGENS.

La Scène est à Paris, dans le Laboratoire de Monsieur Pernéti.

HENRIETTE
OU
LE TRIOMPHE DE L'AMOUR
SUR LA FATUITÉ.

ACTE PREMIER.

(Le Théâtre représentera des Creusets, des Fourneaux, des Réchauds, des Soufflets & quelques Terrines. La Décoration se terminera par les Figures des Animaux Hermétiques, le Lion, le Serpent, la Colombe, le Corbeau, & autres de ce genre.)

SCÈNE PREMIÈRE.

PERNÉTI, DELCOURT, ARLEQUIN.

DELCOURT.

Sur l'air : *De m'engager, il n'est que trop facile.*

QUELLE chaleur ! Peste soit du Chimiste :
Quel feu d'enfer ! Ah ! qu'il fait chaud ici !
Pour imiter Mercure Trismégiste ;
C'est se rotir comme un diable & demi.
QUELLE chaleur ! &c.

ARLEQUIN.

Un gentilhomme Verrier pourroit à peine soutenir cette chaleur. Elle me desséche les amygdales, & il n'y a pas de quoi les humecter.

DELCOURT.

Que signifie cet attirail de machines? Faites-vous de la fausse monnoie?

PERNÉTI.

Tout ce que vous voyez est nécessaire à la recherche de la pierre Philosophale.

DELCOURT.

Ne pourroit-on pas l'appeller la pierre d'achoppement?

PERNÉTI.

Ainsi parlent ceux qui ne la connoissent point. La pierre des Philosophes, c'est l'androgine Platonique, le crachat de la Lune, la médecine du premier ordre, le lait virginal, la cendre incombustible, la poule dont le coq ne sauroit se passer.

ARLEQUIN.

Oui, la nature nous a dit tous ces secrets à l'oreille.

DELCOURT.

Pourriez-vous, comme ce fameux Négromancien, vous rajeunir dans une phiole de verre?

ARLEQUIN.

Diantre! Si nous avions ce ſecret, notre fortune ſeroit bientôt faite : car il y a en ce Pays bien de vieilles figures à dérider, ſans compter la mienne.

PERNÉTI.

La ſcience Hermétique ne va pas juſques-là; elle ſe borne à procurer les richeſſes & la joie.

DELCOURT, *par un éclat de rire.*

Ah! ah! ah! ah! D'où vient donc que vos affaires ſont ſi délabrées, & que le chagrin vous talonne de ſi près? C'eſt reſſembler à un Charlatan enrhumé, qui vend un remède infaillible pour la toux.

PERNÉTI.

Il en coûte pour arriver à certain point. J'y touche inceſſamment, & ma fortune va ſe relever.

DELCOURT.

Votre Chimie eſt une Coquette qui offre ſes faveurs à tout le monde, & ne les accorde à perſonne. Le grand nombre de ceux que ſes Expériences ont ruinés, auroit dû vous dessiller les yeux sur leur prestige.

Sur l'air : *Babet, que t'es gentille.*

Pour grossir son trésor,
Un Chimiste s'épuise;
Et pour faire de l'or,
Il cherche l'analyse
De tous les métaux :
Autour des fourneaux
Il passeroit sa vie.
Il ne se donne aucun repos.
Quelle est la fin de ses travaux ?
Hélas ! c'est le comble des maux :
Ah ! Ciel ! quelle manie ! (*Bis.*)

PERNÉTI.

La raison de ce désastre se prend du côté de la science même, qui est Cabalistique, & qu'on ne peut enseigner en termes vulgaires sans lui ôter son essence. Quelques-uns s'arrêtent au son des syllabes & des paroles, & ils s'engagent en des opérations extravagantes.

DELCOURT.

Les essais les plus raisonnables de la Chimie ne peuvent pas justifier un homme qui, pour s'y livrer, abandonne le soin de sa maison, & se refuse aux devoirs de père & de mari. Vos combinaisons peuvent piquer la curiosité des Adeptes, mais suspendez l'admiration que vous leur attribuez, & jettez un coup d'œil sur vos affaires domestiques. Vous oubliez que vous avez une maison à conduire, une femme à aimer, & une fille à pourvoir. Le soin de vos insectes & de vos végétaux remplit tout votre loisir. D'après cette indifférence votre épouse & votre fille sont réduites au sort de bias.

PERNÉTI.

Sur l'air : *Les filles de Nanterre.*

Vous êtes ridicule,
J'en jure sur ma foi :
Où tend ce préambule ?
Qu'attendez-vous de moi ?
Et flon, flon, flon,
Larira dondaine ;
Gai, gai, gai,
Larira dondai.

DELCOURT.

Ce que j'attends de vous, c'est que vous vous déportiez de vos entreprises chimiques & chimériques. Exercez le Droit : vous êtes Docteur en cette Faculté.

PERNÉTI.

Oh ! parbleu ! Je n'ai rien à répliquer à un pareil argument.

DELCOURT.

Ce n'eſt point comme argumentateur que je vous interpelle, mais en qualité de votre gendre.

PERNÉTI.

Vous, mon gendre! Vous aurez pour cela deux grands obſtacles à ſurmonter. *Primò.* Madame Dubus, votre tante, vous offre un très-bon parti, & ſes biens à cette condition : conſentira-t-elle à un mariage auſſi diſproportionné qu'il le ſeroit avec ma fille? *Secundò.* Mon épouſe, à qui vous avez déplu, veut donner Henriette, ſa fille, à Monſieur Carnac, le Financier.

DELCOURT.

Sur l'air : *J'aime une ingrate beauté.*

L'amour reſſemble aux torrens,
Les digues qu'on leur oppoſe
Les rendent plus violens.
Diſons donc la même choſe
Des obſtacles ſuſdits.
Si l'envie en fait naître,
L'amour ſait à grands bruits
Les faire diſparoître.

Non. Ces obſtacles-là ne ſeront pas invincibles, ſi vous voulez me ſeconder, en vous exécutant. Ma tante auroit ſans doute moins d'éloignement pour mon projet, ſi elle vous voyoit renoncer à vos erreurs. Votre goût ne vous y porte peut-être pas. L'intérêt d'une fille unique devroit bien vous attendrir. Elle est Ouvrière en Modes : à quoi ne l'exposez-vous pas, dans un état où les hommes croyent ne devoir respecter personne?

SCÈNE II.

DELCOURT, PERNÉTI, ARLEQUIN, UN CHARBONNIER, DES SERGENS.

LE CHARBONNIER.

VOUS ne m'échapperez pas aujourd'hui, Monsieur le Souffleur. Le Marchand de Bois vous a fait assigner : pour toute réponse, vous avez soufflé. Il vous a fait exécuter depuis peu : vous avez soufflé. Je vous ai envoyé aussi un Compliment timbré : au lieu de comparoir, vous avez soufflé. J'ai obtenu par défaut un Décret de prise de corps contre vous : soufflerez-vous encore? Quel Répondant me donnerez-vous pour le payement de mon Charbon?

PERNÉTI.

Sur l'air : *Il est donc vrai, Lucile.* Ou bien sur l'air : *De sa modeste Mère.*

L'encre de Sympathie,
Les crystaux de Vénus.

Pour bonne garantie ;
Vous recevrez en ſus
L'inſtrument Pneumatique ;
Ou mon Récipient,
Ou ma barre Electrique ;
C'eſt-là tout mon vaillant.

ARLEQUIN.

Sur l'air : *Des folies d'Eſpagne.*

Pourquoi donner toutes nos Eſpérances ?
Il ſuffiroit ſeulement d'engager
Dix-huit ou vingt de nos Expériences,
Et c'eſt ainſi qu'il faut nous arranger.

LE CHARBONNIER.

Point de ſingeries : il faut payer le montant de ce mémoire, ou aller en priſon.

ARLEQUIN.

Croyez-moi, changeons d'objet. Faites-vous Électriſer, tous tant que vous êtes.

LE CHARBONNIER.

N'eſt-ce pas bien-là le tems de nous Friſer ?

ARLEQUIN.

Il ne s'agit pas de vous Friſer, mais de vous Electriſer.

PERNÉTI.

PERNÉTI.

Ciel! Une créature vivante peut-elle ignorer le nom d'une si merveilleuse propriété de la Matière, qui tire du feu de toutes les parties des corps humains, & leur donne des coups violens sans les toucher?

LE CHARBONNIER.

Magie que tout cela. Au Fort-l'Évêque.

ARLEQUIN.

Quoi! Vous voulez loger mon Maître aux dépens du Roi?

DELCOURT.

Tout beau. Voyons le mémoire. Le total est de cinquante louis. Je cautionne la somme.

LE CHARBONNIER.

Qui êtes-vous? N'êtes-vous pas aussi un Souffleur? La belle caution. Sergens, appréhendez notre homme au corps.

ARLEQUIN.

Arrêtez, Messieurs, vous n'avez pas ce droit-là. Les Cerfs & les Cocus sont Bêtes privilégiées. Or mon Maître à une Aigrette de Bélier sur la tête. On le prendroit pour Aries ou le Capricorne.

PERNÉTI.

Tais-toi, insolent. Je n'ai pas ce que tu m'attribues.

ARLEQUIN.

Vous avez encore ce que vous n'avez pas perdu. Or vous n'avez pas perdu votre Aigrette : donc vous l'avez encore. Ma foi, nous ferions un bel Instrument nous deux. Vous fourniriez la Corne & moi la Muse, & de cela l'on feroit une Corne-Muse.

(*Ils sortent tous pour conduire Pernéti en Prison.*)

SCÈNE III.

DELCOURT, ARLEQUIN.

DELCOURT.

Avec quelle brutalité ils enlèvent cet infortuné, pour lui envier jusqu'à l'air qu'il respire ! Il y a des Ames impitoyables, de ces cœurs durs, qui, chargés de commissions disgracieuses, s'accuseroient de foiblesses, s'ils se surprenoient sensibles, & qui se font une vertu de rendre leur mission encore plus désagréable, par la manière de la remplir. Accoutumés à ne voir que des coupables, on diroit qu'ils craignent de trouver qu'on ne l'est point. Soyons plus humains qu'eux.

ARLEQUIN.

Comme les amoureux ſont compâtiſſans!

DELCOURT.

Porte cet argent au Priſonnier, juſqu'à ce que j'aye ſatisfait ſon Créancier.

ARLEQUIN.

Jamais argent ne lui viendra ſi à propos : car il mange comme quatre & boit comme huit. Il mange & boit ſi dru & ſi vîte, qu'un morceau n'attend pas l'autre. Sa mère bûvoit vîte, & ſon père longtems : il tient de tous les deux.

DELCOURT.

Ne lui dit pas que cet argent vient de moi : entends-tu?

ARLEQUIN.

Oh! Il ne demandera ſeulement pas le nom de ſon Bienfaiteur.

DELCOURT.

N'importe. Il eſt aſſez à plaindre d'avoir des reproches à ſe faire. Faut-il encore qu'il éprouve le beſoin des choſes les plus utiles à la vie? Va, un Priſonnier ſans argent eſt un Oiſeau à qui l'on a coupé les aîles.

ARLEQUIN.

J'ai fait la faute avec lui : nous la boirons enſemble.

(*Il ſort.*)

SCÈNE IV.

DELCOURT, HENRIETTE.

HENRIETTE.

A QUEL hasard dois-je l'honneur de vous trouver ici ?

DELCOURT.

A l'envie que j'ai de vous faire connoître toute l'étendue de mes sentimens. Jusqu'ici je vous ai plus caché d'amour que je n'en ai montré. Si j'ai failli en cela, accusez en mon respect ; & si vous n'en croyez pas mes sermens, choisissez les preuves que vous voulez exiger. Ah ! vous saurez que je vous suis plus acquis que je ne puis l'exprimer. Vous voir & vous aimer, n'a été pour moi qu'une même chose.

HENRIETTE.

Sur l'air : *Monsieur le Prévôt des Marchands.*

Quand j'aurois pour vous le retour
Que désireroit votre amour :
A quoi pourroit-il me conduire ?
Pouvez-vous être mon époux ?
Prétendriez-vous me séduire ?
Dois-je m'élever jusqu'à vous ?

PAR LA MÊME.

Sur l'air : *Adieu paniers, vendanges ſont faites.*

En voulant me conter fleurettes
Vous ſeriez indigne de moi.
Si vous n'êtes de bonne foi :
Adieu paniers, vendanges ſont faites.

DELCOURT.

Connoiſſez mieux le pouvoir de la vertu ſur mon cœur. Liſez tout ce qui s'y paſſe. Le vôtre n'eſt pas plus pur. Oui, je donnerois ma vie pour vous inſpirer la confiance que mérite la droiture de mes intentions.

Sur l'air : *Dans un bois ſolitaire & ſombre.*

Si vous trouvez mon cœur volage,
Briſez, briſez, nos tendres nœuds :
Si la conſtance eſt ſon partage,
Il faut brûler des mêmes feux.

HENRIETTE.

Comment alliez-vous ces diſpoſitions, avec le mariage qu'on vous preſſe de conclure ?

DELCOURT.

Tel que puiſſe être ce parti, rien ne pourra me faire ſurmonter l'éloignement invincible que j'ai pour un pareil engagement. Ma fortune dépend de ma Tante; mais j'y renonce, si elle la met à ce prix. Je n'imagine plus de bonheur qu'entre deux amans, qui, après s'être donné les preuves les plus fortes d'une passion réciproque, vivent sur la foi de leurs sermens & sous le joug de l'hymen.

HENRIETTE.

Sur l'air : *Ah! vous dirai-je Maman?*

Dites ce qu'il vous plaira.
Non : rien ne m'aveuglera.
Puis-je ignorer la distance
Que met en nous la naissance?
Ah! il n'y faut plus penser :
Oui, c'est trop vous abaisser.

DELCOURT.

Trois couplets, sur l'air : *Non, je ne ferai pas.*

Telle est de Cupidon la puissance suprême,
La houlette, par lui, prétend au diadême.
Détrompez-vous : ce Dieu s'abaisse-t-il jamais?
Chez lui tout est commun, hors son arc & ses traits.

Il égalise tout, le Prince & la Bergère :
Son sceptre est son carquois, son trône est la fougère.
Doit-on de la fortune attendre son bonheur?
Que pour la mienne, hélas! vous me donnez d'horreur!

C'est d'elle que vous vient ce fond de répugnance,
A couronner mes vœux & ma persévérance :
Que sont les plus gros biens, les titres les plus vains,
Si nous les comparons à vos charmes divins?

HENRIETTE.

Supposons que je n'aye à consulter que mon inclination : pouvez-vous espérer le consentement de votre tante ? Puis-je me flatter de ramener ma mère sur votre compte ?

DELCOURT.

Sont-elles absolument inexorables ? Je me jetterai à leurs pieds ; j'embrasserai leurs genoux : je ne les laisserai point aller qu'elles ne m'aient accordé ma demande. Quand un homme est aux genoux d'une femme, il est sûr de la fléchir. Les bras tombent presque toujours aux femmes en pareil cas pour nous relever.

HENRIETTE.

Faites donc les derniers efforts auprès d'elles. Je ne crains point d'avouer que mon penchant s'accordera avec leur agrément.

SCÈNE V.

Madame DUBUS, HENRIETTE, DELCOURT.

Mad. DUBUS.

C'EST donc ici que tu viens filer le parfait amour, dans un siècle où les deux sexes pensent si différemment? Quoi! Tu ne ſens pas qu'une pareille conduite nuit à ton avancement, & te condamne à l'obſcurité? Héritier, ſi tu veux l'être, de tous mes biens, tu as la folie de t'enterrer vivant, & auprès de qui? D'une Ouvrière. D'autres s'en feroient un amuſement: tu t'en fais une occupation; & tu es aſſez dupe pour mettre du ſentiment, où les autres ne mettent que de la volupté? Eſpères-tu qu'on ait formé exprès pour toi une fille de cet état, qui ſoit fidèle & capable d'attachement? Va, tu ſeras traité comme tous les amans de ta trempe. Tu ébaucheras l'ouvrage, & tu n'en jouiras que juſqu'à ce que tu l'aies mis en état de plaire à d'autres: c'eſt l'uſage. On te quittera pour un meilleur ſort, & tu reſteras avec ta délicateſſe.

DELCOURT.

L'opinion que vous avez d'Henriette eſt auſſi injuſte que déſavantageuſe. Vous connoiſſez ſon infortune; mais vous ne connoiſſez pas les tréſors de ſon cœur. Le ſort le plus affreux lui a toujours paru préférable à la honte de ſe manquer à elle-même. Son ame eſt pure comme ſa beauté. Ne lui faites pas un crime de ſa ſituation: c'eſt à la fortune à rougir. Quand ſon indigence ne la rendroit pas reſpectable à vos yeux, ſes mœurs, ſes vertus auroient des droits ſur votre eſtime.

Madame

Mad. DUBUS.

Tu ne prétendras pas que je te croye amoureux d'elle jusqu'à l'épouser. Les coups de sympathie te paroîtroient-ils suffisans pour me faire excuser ton aveuglement ? On ne croit plus aux belles passions. Tout est goût de passage. Quel charme peut donc te fasciner les yeux ? Un homme comme toi, devroit-il seulement faire soupçonner qu'il est capable, non pas d'épouser, mais d'aimer une grisette ?

(*À Henriette.*)

Pardon, mon enfant, si je tranche le mot devant vous : le mal est extrême ; il faut des remèdes violens.

HENRIETTE.

Qui se permet de tout dire, donne droit de tout répondre ?

DELCOURT.

En conséquence, j'ose dire que mon attachement pour Henriette n'est point l'effet de la fatalité : c'est le fruit du jugement. Faut-il ne rien aimer dans le monde? Ou, si je puis aimer, pouvois-je mieux choisir?

Mad. DUBUS.

Je t'offrirai mon bien, une femme adorable ; l'alliance d'une bonne famille, & ta frénésie seroit aſſez incurable pour te faire mépriſer ces avantages? Tu peux devenir la conſolation de ma vieilleſſe, & tu voudrois en être la honte. Replie-toi ſur toi-même, & vois ſi tu joue dans le monde le rôle que ta naiſſance t'y donne. Songe que les perſonnes d'un état abject, lorſque nous ne pouvons les élever à nous, nous font deſcendre juſqu'à elles, & que l'aviliſſement de l'ame eſt le fruit d'une pareille liaiſon. Et vous, Henriette, ſongez que ſi vous entretenez davantage mon Neveu dans les ſentimens où je le vois, ce ſera vous que j'en rendrai reſponſable. Ne vous repoſez point ſur la modération avec laquelle je vous traite à préſent. Je ſuis capable de me porter aux plus grandes extrémités. Aujourd'hui je vous parle en mère, demain je couperai dans le vif. Ne me forcez point à vous punir tous les deux du mépris que vous feriez de mon amitié.

DELCOURT.

Quelque eſtime que j'aye pour Henriette, elle ne me fera jamais oublier les déférences que je vous dois.

HENRIETTE.

Si vous étiez capable de vous en écarter, je ferois la première à vous y rappeller.

DELCOURT.

Je vous rends cette juſtice, & en vous la rendant, il eſt de mon honneur d'empêcher que vous n'en ſoyez la victime. Je ſuis ainſi forcé, Madame, de vous déclarer que, ſi vous vous portiez contre Henriette à quelques mauvais procédés, il n'eſt rien que je ne fiſſe pour l'en dédommager. Votre fortune ſeroit un grand avantage pour moi; mais je ſuis dans un moment où je ne me trouve ſenſible qu'à la perte de votre eſtime. Privez-moi de votre ſucceſſion, accordez moi votre bienveillance, & je ſuis au comble de mes vœux. Eh! ma plus chère Tante, au lieu de vouloir troubler notre repos, augmentez notre bonheur, en daignant le partager.

Mad. DUBUS.

Il ne manquoit à ton extravagance que de vouloir me la faire partager. Mais puiſque les voies de douceur ne peuvent te ramener, nous en emploierons d'une autre eſpèce.

(*Elle ſort.*)

SCÈNE VI.

DELCOURT, HENRIETTE.

DELCOURT.

OUBLIEZ le mépris que ma Tante a mis dans ſes diſcours. L'amour le plus brûlant, le plus animé vous en dédommage aſſez.

HENRIETTE.

Si j'oublie les injures, dois-je oublier les menaces? Quelque confiance que vous affectiez, vous ne devez pas être plus tranquille que moi. Travaillez à ramener la Préſidente à des réſolutions moins violentes.

SCÈNE VII.

Mad. PERNÉTI, DELCOURT, HENRIETTE.

Mad. PERNÉTI, *après avoir écouté.*

JE ſuis ſtupéfaite de vous entendre parler amour. Voilà les hommes. Quelle ſuperchetie de votre part, vous qui vous faites gloire de mépriſer toutes les femmes ſans exception? Vous êtes ſans doute bien embarraſſé de vous voir dévoilé devant quelqu'un, de qui vous vouliez peut être ſurprendre la crédulité par des flatteries, dont vous ne penſez pas un mot.

DELCOURT.

Il faudroit ne pas connoître le cœur humain pour avoir une auſſi fauſſe idée des femmes. J'en connois auxquelles on ne peut rien reprocher.

Mad. PERNÉTI.

C'eſt ſans doute qu'elles ſont laides & vieilles; car la laideur & la vieilleſſe ſont les ſeules vertus que vous nous accordez. Ne biaiſez point; parce que vous êtes devant une perſonne, pour laquelle, où je me trompe, vous avez du goût. Vous direz d'elle comme des autres: elle eſt ſage; mais c'eſt parce que ſes ſens ne l'ont point encore avertie qu'elle eſt faite pour aimer, ou qu'elle a manqué d'occaſions, ou qu'elle n'a pas été attaquée par un homme qui lui plût. N'eſt-ce pas-là la morale que vous nous avez débitée cent fois?

DELCOURT.

Vous allez me faire paſſer pour un monſtre, ſi vous perſiſtez à me décrier. Ne tirez point à conſéquence des propos que je n'ai haſardés quelquefois que pour exciter votre zèle, connoiſſant la chaleur avec laquelle vous prenez la défense de votre sexe. Ces paradoxes ne partoient pas du cœur.

Mad. PERNÉTI.

On ne soutient pas si obstinément les mêmes thèses, sans en penser quelque chose. A d'autres, à d'autres . . . .

HENRIETTE.

Vous seriez bien injuste d'avoir de toutes les femmes une idée qui devroit se borner à celles-là seules qui la justifient. Toutes n'ont pas les ridicules que vous avez trouvé dans celles que vous avez connues.

DELCOURT, *d'un ton pénétré.*

Eh! que Madame m'a rendu un bien mauvais office, en vous donnant de mes sentimens une si fausse opinion! Quand il seroit vrai que j'eusse du sexe, en général, l'idée que l'on me prête, ne seriez-vous pas capable seule, de détruire une prévention aussi inique, & de me contraindre à penser qu'il est des femmes dignes de mes hommages?

Mad. PERNÉTI.

Vous me ravissez, avec l'importance que vous mettez à tout ceci. Eh! quel intérêt si grand avez-vous donc à l'idée que ma Fille peut concevoir de vous ? Il ne tiendroit qu'à moi de vous croire amoureux d'elle. Que deviendroit Mademoiselle Morin ?

DELCOURT, *avec vivacité.*

Oh ! Il eſt aſſez public que je l'ai quittée, & vous ne l'ignorez pas.

HENRIETTE, *d'un ton railleur.*

Vous l'avez quittée ! Si c'eſt-là comme vous traitez les femmes qui vous aiment, je ſuis à plaindre de m'être attachée à vous.

DELCOURT, *avec empreſſement.*

Ne me condamnez pas ſi légèrement. Ceci mérite une explication, puiſque vous m'en faites un crime. Mademoiſelle Morin a une ame de bouillie, un corps de papier mouillé : on cherche un Couvent de Coton pour l'y mettre. Elle a l'humeur hériſſonne ; c'eſt un porc-épic. En la ſuppoſant ſeule au monde, je crois qu'elle ſe fendroit en deux pour médire de la moitié d'elle-même. Je vous le demande, l'amour peut-il ſubſiſter au milieu des vices & des défauts ?

HENRIETTE.

Je ne ſuis plus ſurpriſe ſi vous penſez ſi mal des femmes, puiſqu'on trouve parmi elles des caractères tels que vous les peignez.

DELCOURT.

Vous ſavez apprécier les imputations de Madame. La voilà condamnée au Tribunal des Grâces ; & c'eſt un Arrêt ſans appel Je le lui ſignifierois ſi j'avois le tems ; mais j'ai entamé deux affaires, je vais voir à quoi elles en ſont.

(*Il ſort.*)

SCENE VIII.

Madame PERNÉTI, HENRIETTE.

Mad. PERNÉTI.

Il faut avouer que j'ai bien déconcerté ce Tartuffe. Il faiſoit l'agréable auprès de toi ; il falloit le démaſquer, afin que tu ne fuſſes pas dupe de ſes adulations. Il joue la raiſon & le ſentiment devant de jeunes Agnès comme toi, parce qu'il ſait que c'eſt l'amorce où elles ſe prennent ; mais avec les femmes, il eſt frivole & cauſtique. Comme il eſt aimable, les femmes le gâtent à force d'avances, & c'eſt ce qui fait qu'il nous mépriſe.

HENRIETTE.

HENRIETTE.

S'il en méſeſtime quelques-unes, c'eſt plutôt leur faute que la ſienne.

Mad. PERNÉTI.

Me trompé-je ! Il paroît qu'il te tient au cœur. Tu prends hautement ſa défenſe : prends-y garde. Une fille ſe défend mal contre un homme, lorſqu'elle le défend ſi bien.

HENRIETTE.

Les ames bien nées ſe devinent, & prennent une confiance mutuelle, que l'événement & l'honneur ne démentent jamais.

Mad. PERNÉTI.

Il ſemble que tu cherches à mettre dans tes amours ce qu'il peut y avoir de plus offenſant pour moi. Tu choiſis pour objet de ton penchant un homme que j'ai raiſon de haïr, & qui fut toujours l'ennemi ſecret de ta Mère : un homme que tu crains comme un enfant, un homme qui s'érige en tyran. Va, tu ſerois mille fois plus heureuſe avec Carnac. Quelle raiſon peut t'empêcher d'accepter ſa main ?

HENRIETTE.

Moi ! j'épouſerois ce petit homme de trois

lettres ! A l'entendre, le troiſième Ciel ne tourne que pour lui. Du clinquant, de petites grâces manièrées, une nuance d'eſprit ſur un grand fond de fatuité : voilà l'eſſence de Carnac. L'air eſt en vérité bien complaiſant d'animer une pareille machine.

Mad. PERNÉTI.

On n'y tient pas. Cette petite fille eſt d'un entêtement affreux. Sors d'ici, ingrate : je vais prendre des meſures pour te mettre à la raiſon.

ACTE SECOND.

SCÈNE PREMIÈRE.

HENRIETTE, ARLEQUIN.

ARLEQUIN.

DANS quelle mélancolie vous vois-je plongée? Il ſeroit dur, à votre âge, de porter l'uniforme de la triſteſſe. Mon caractère en eſt l'antidote. Si je m'attriſtois, ce ſeroit pour la première fois de ma vie. Oh! oui. Vive la gaité.

HENRIETTE.

On n'imaginera jamais une ſituation auſſi fâcheuſe que la mienne.

ARLEQUIN.

Vous avez de la peine : qui eſt-ce qui n'en a pas? L'amitié de Monſieur Delcourt peut aiſément vous en conſoler.

HENRIETTE.

Il m'aime, j'en conviens : je l'aime auſſi. Mais

dois-je viser jusqu'à lui ? Sa Tante lui offre un parti avantageux. Ne dois je pas me faire un scrupule d'arrêter la fortune d'un homme qui m'aime? Pourquoi abuserois-je de sa foiblesse ? C'est pour lui qu'il faut l'aimer. C'est à son bonheur que je dois immoler le mien. Eh! si je l'épousois, n'aurois je pas toujours à me reprocher de l'avoir associé à mon malheur, & de l'avoir privé d'une partie de la considération dont il jouit ?

SCÈNE II.

HENRIETTE, ARLEQUIN, LE CHARBONNIER.

LE CHARBONNIER.

Vous débutez au mieux, Mademoiselle. Vous connoissez sans doute Monsieur Carnac : c'est un galant, celui-là. Il ne s'amuse pas à électriser ni friser les femmes. Sa porte de derrière est souvent ouverte à de jolies petites Ouvrières, qui viennent s'assurer tous les matins s'il n'y a point quelques réparations à faire à ses manchettes.

HENRIETTE.

Qu'est-ce que cela peut m'importer ?

LE CHARBONNIER.

C'eſt qu'il vous aime comme lui-même.

HENRIETTE.

Ce n'eſt pas peu dire : car il occupe la première place dans ſon eſtime. Son moindre défaut eſt celui de ne s'en croire aucun. D'autant moins aimable, qu'il cherche plus à le faire : ſe reſpectant autant qu'il mépriſe les autres.

LE CHARBONNIER.

Il m'a chargé de vous demander vos bonnes grâces, & je me ſuis chargé de les lui obtenir; & comme je l'ai toujours aimé, à cauſe de ſes façons prévenantes, j'ai voulu l'introduire ici : mais quelque plaiſir qu'il eût à me ſuivre, il s'eſt arrêté pour acheter une Boîte à mouches.

HENRIETTE.

On le dit curieux ſur l'article. Il en connoît, dit-on, tous les noms, leurs différentes poſitions, & leurs formes en Croiſſant, en Comète, en Etoile & en Navette.

LE CHARBONNIER.

Oh! il a toujours été un petit chef-d'œuvre. Dès ſon enfance, il tétoit ſi bellement, qu'il raviſſoit ſa Nourrice. Il eſt devenu grand comme

Père & Mère. A quinze ans, il distinguoit son alphabet comme ses deux mains : à dix-huit, il signoit son nom comme un Greffier de Paroisse : à vingt, il parle comme un Livre.

HENRIETTE.

Il s'est encore perfectionné depuis ce tems-là. Certains Livres lui ont appris autant de philosophie qu'il en faut pour triompher des cœurs. Il pourroit, au besoin, réciter tous les Pont-Neufs nouveaux.

ARLEQUIN.

Il paroît assez bien élevé, pour ne pas faire à son Père l'affront de valoir mieux que lui.

HENRIETTE.

S'il veut imiter son Père, il ne se mariera jamais.

LE CHARBONNIER.

Sa Gouvernante & son Laquais disent pourtant qu'une Femme sera heureuse avec lui.

ARLEQUIN.

Que n'épouse-t il la fièvre quarte ?

LE CHARBONNIER.

Epouser la fièvre quarte ! Ce parti ne convient qu'au rhume ou à l'hyver.

HENRIETTE.

Mais, dis-moi, mon ami, il t'a payé pour le protéger ici.

LE CHARBONNIER.

Il eſt vrai que je ſuis un peu intéreſſé en ſon affaire. S'il vous épouſe, il me payera le montant de ce que me doit Monſieur votre Père.

ARLEQUIN.

Paix. J'entends venir quelqu'un.

HENRIETTE.

C'eſt ſurement notre agréable.

LE CHARBONNIER.

En propre perſonne.

SCÈNE III.

HENRIETTE, CARNAC, LE CHARBONNIER, ARLEQUIN.

ARLEQUIN.

Nous faiſions ici votre éloge.

HENRIETTE.

Comme on ne le fait pas.

ARLEQUIN.

Il y a matière à la chose. Voyez cet habit : il est à la Grèque : il est, on ne peut pas plus élégant. Il est taillé par la main des Grâces.

HENRIETTE, *à part.*

Si on le mettoit sous le pressoir, le sang des veuves & des orphelins en sortiroit.

(*A Carnac.*)

Ce chapeau vous couvre bien l'oreille gauche. Cette épée a sans doute la botte du Bréteur. Quoi ! le ceinturon est vert ! C'est du plus galant. On vous prendroit pour un Roi de Cartes.

(*Carnac fait signe à Arlequin & au Charbonnier de se retirer.*)

SCÈNE IV.

CARNAC, HENRIETTE.

CARNAC.

Vous pressentez sûrement le motif qui m'amène ici.

HENRIETTE.

Monsieur se mêleroit-il aussi de Chimie, & voudroit-il en conséquence lier connoissance avec mon Père?

CARNAC.

Vous devez deviner ce que je ne dis pas, & en lire l'explication dans vos yeux.

HENRIETTE.

Il y a là un mystère que je ne comprends pas.

CARNAC.

Eh! Dites plutôt que vous ne voulez pas le comprendre. Pouvez-vous vous aveugler sur la vivacité de l'amour dont mon cœur est embrâsé? C'est-là peut-être un aveu dont vous me punirez, en m'accablant de votre haine. J'aurois dû me condamner au silence; mais la force de vos charmes, autant que la violence de mon ardeur, ne me rend-t-elle pas excuſable ?

HENRIETTE.

Quel fond puis-je faire ſur un cœur qui s'embrâſe auſſi aiſément? Je ne pourrois que courir les riſques de me trouver dans le même cas où eſt aujourd'hui celle à qui vous êtes attaché. L'amour ne devient pas ſi vif en ſi peu de tems.

SCÈNE V.

Madame PERNÉTI, CARNAC, HENRIETTE.

Mad. PERNÉTI.

MONSIEUR Carnac avec ma Fille! C'eſt trop flatter ſa petite vanité. Je lui ai parlé, & ſon cœur ne lui dit rien pour vous. Faites-vous une raiſon là deſſus.

Sur l'air : *Non, je ne ferai pas.*

Nous ne nous devons tous qu'à ceux qui nous accueillent :
Il ne faut point aimer les gens plus qu'ils ne veuillent.
Quel abus de brûler & de ſe conſumer,
Pour qui décidément ne veut point nous aimer?

CARNAC.

Ne faites pas tant la dédaigneuſe, Mademoiſelle : vous n'êtes pas la centième dont j'ai captivé, enchaîné le cœur. Je ſuis la coqueluche des femmes.

Mad. PERNÉTI.

Eh ! mon cher, ne perdez pas votre tems avec ma Fille : vous qui avez tant d'uſage des femmes, vous devez voir combien elle eſt gauche. Je ne vous répondrois pas qu'au bout de ſix mois vous l'euſſiez décidée. Que ſait-on même, une prude, dont le ton eſt auſſi gothique, pourroit bien nous faire attendre un an entier : êtes-vous d'humeur à vous morfondre ſi long-tems ?

CARNAC.

Oh ! non, en vérité. Si c'eſt un plaiſir d'obtenir ce qu'on déſire, c'eſt un tourment d'en attendre long-tems la poſſeſſion. Au reſte, Henriette réfléchira ſur mes offres. Je la reverrai. Je la retrouverai plus raiſonnable.

HENRIETTE.

Toute honorable que ſoit votre viſite, tenez-vous-en à celle-ci. La diſproportion de nos fortunes me force à vous prier de me ménager. Vous ne devez pas ignorer combien une viſite comme la vôtre pourroit me faire de tort, & je crois mériter des égards.

CARNAC.

Puisque vous ne voulez pas être Rose, & vous laisser cueillir par un Nourrisson des Muses, qui a avalé plus d'un sceau de l'hypocrène, Phébus vous métamorphosera en Chardon, afin que vous serviez de pâture aux Ânes.

(*Ici il tombe en pamoison sur un Fauteuil.*)

Mad. PERNÉTI.

Qu'a-t-il donc?

HENRIETTE.

C'est sans doute une foiblesse de cerveau. Il est né au déclin de la Lune, & ceux qui naissent en son dernier quartier, y sont sujets.

Mad. PERNÉTI.

Le Médecin est ici dessous. Descendez, Henriette; priez-le de monter.

SCÈNE VI.

Madame PERNÉTI, DELCOURT.

Mad. PERNÉTI.

Sur l'air : *La farira dondaine, gué.*

UN redoublement !
J'en ſuis alarmée.

DELCOURT.

Il s'en va mourant
A l'accoutumée.

Mad. PERNÉTI.

Bon,
La farira dondaine, gué,
La farira dondé.

DELCOURT.

Sur l'air : *Goûtons bien les plaiſirs, Bergère.*

Tranquilliſez-vous : peu de choſe
Le fait tomber en pamoiſon :
L'eau de Chypre ou l'eau Roſe
Eſt ſon contre-poiſon :
S'il en prend une doſe,
Il reprend ſa raiſon.

Mad. PERNÉTI.

Sur l'air : *Ramonez-ci, ramonez-là.*

Si par hasard le Tonnerre
Grondoit sur notre Hémisphère ;
On attribueroit cela
Aux Foudres ci,
Aux Eclairs là,
Là, la, la,
A la grande peur qu'il en a.

DELCOURT.

Oui, il a le tempérament d'un Lièvre. C'est le ton de l'extrêmement bonne compagnie, d'avoir des foiblesses à propos de rien. Un pli qu'il apperçut dernièrement sur son jabot, lui donna des vapeurs, qui le firent malade à périr. Pour le faire revenir, on eut l'incongruité de lui présenter de l'eau de la Reine, qui ne venoit pas de chez la petite Marchande, la seule qui pût en avoir de bonne, il pensa tomber en syncope. On le saigna : son sang ressembloit au jus de framboise.

SCÈNE VII.

Madame PERNÉTI, CARNAC, DELCOURT, HENRIETTE, ARLEQUIN.

ARLEQUIN *en Médecin, mettant la main sur ſon front.*

LES membranes & les fibres du cerveau ſont ébranlées. Un ſang enflammé, recuit, plein d'un chyle brûlé, a gâté ſa bonne conſtitution, & détruit les ſignes de ſanté. Eh bien! Ce n'eſt qu'en clyſtériſant, ventouſant, qu'on peut humecter, rafraîchir les parties : ſinon *crevare.*

Mad. PERNÉTI.

Le Malade paroît avoir de la peine à reſpirer.

ARLEQUIN.

Vous vous trompez, Madame. Je vais le faire reſpirer devant vous.

(*En lui ſerrant le nez, & lui mettant un bâillon dans la bouche.*)

Ergo, ce n'eſt pas la reſpiration qui lui manque.

DELCOURT.

Voyez donc ces cheveux, ils viennent presque tous de la Perruquière. Le reste a été soufflé d'un mauvais vent de Midi.

Mad. PERNÉTI.

Que lui ordonnerez-vous en conséquence?

ARLEQUIN.

Le remède est connu de l'un à l'autre Pôle. Je l'ai combiné. J'ai étudié les efforts de la Nature, les propriétés des Plantes. A quoi aboutissent mes recherches? A composer des Pilules. Mes Malades se purgent publiquement, sans fatigue & sans éclat. Envain l'envie m'a déchiré. La commodité de mon Remède le fera toujours préférer. Son nom seul est capable de le mettre en vogue. Oui, voilà le paragon de la Médecine, le restaurant délicieux, des Pilules. Le Malade ne seroit pas où il est s'il en avoit fait usage. Nous lui ordonnons donc pour chaque jour trois picotins desdites Pilules: à faute de quoi, foi de Docteur-Régent, *crevare.*

(Il se retire la main gauche sur les reins, & on y met une Pièce d'argent.)

SCENE VIII.

Madame PERNÉTI, CARNAC, DELCOURT, HENRIETTE.

(*On fait paroître une Araignée ſuſpendue à un fil, & on l'écraſe.*)

Mad. PERNÉTI.

Sur l'air : *Pour paſſer doucement la vie.*

Plus de drogues, plus de ſaignée :
Oh ! c'eſt de l'argent qui nous vient.
C'eſt d'une maudite Araignée
Que cette foibleſſe provient.

DELCOURT.

Vîte des odeurs. Qu'ai je fait de mon flacon ? Donnez le vôtre : mais non. Pour éviter l'inconvénient dont j'ai parlé, il faut prendre le ſien, & lui faire reſpirer ſon Eau.

Mad. PERNÉTI.

Eh bien ! Comment vous trouvez-vous ? Hélas ! Vous m'effrayez ſi fort, que j'aurois beſoin d'Eau moi-même. Quelle délicateſſe de nerfs !

CARNAC, *revenu à lui.*

Pardon, mes Enfans, l'Araignée est ma bête. Ah! il y a de quoi en mourir.

(*Il tire un Miroir & se mire.*)

HENRIETTE.

Il regarde si sa frisure a souffert du désordre de son ame.

CARNAC.

Sortons au plutôt d'un lieu qui m'est si funeste. Voyons auparavant quelles visites j'ai à rendre : une aux Boulevards, trois au Marais. Où sont mes Gens?

(*Il tire un Ordre de visites, le parcourt, & s'en va.*)

SCÈNE IX.

Mad. PERNÉTI, DELCOURT, HENRIETTE.

Mad. PERNÉTI.

Vous devez être content de moi. D'après la conversation que nous avions eu ensemble, j'ai cherché, & je suis parvenu, à dégoûter Carnac d'Henriette. Je consens à votre union : mais la Présidente y consent-elle?

DELCOURT.

Oui, Madame : elle va venir elle-même apporter ſon agrément.

HENRIETTE.

Dois-je accepter la main que vous m'offrez, avant que mon Père ſoit en liberté ?

DELCOURT.

Votre Père eſt libre. Il a une Place de ſon goût : c'eſt celle de Chimiſte du Roi, avec Penſion de deux mille livres. Je n'ai pas-là borné mon zèle : j'ai auſſi obtenu une Penſion pour Madame : en voici le Brevet.

HENRIETTE.

Tant de généroſité vous eût aſſervi mon cœur, ſi vous ne l'euſſiez pas déja poſſédé tout entier.

SCÈNE X.

Madame PERNÉTI, DELCOURT, PERNÉTI, HENRIETTE, ARLEQUIN.

ARLEQUIN, *appercevant ſon Maître.*

EH mais ! Eſt-ce vous ? O mon Maître ! Quoi donc ! Eſt-ce vous-même ? Une image trompeuſe ne vient-elle pas abuser mes yeux ? Non : c'est bien lui. Il faut qu'il ait Électrisé le Géolier. Sortir de Prison une heure après y être entré : ce secret vaut tous les autres, même celui des chariots à vent. O la belle Expérience à faire, si je me trouve dans l'embarras ! Ah ! ah ! Qu'on vienne à présent m'emprisonner.

HENRIETTE.

Mon Père ne doit son élargissement qu'aux bontés de Monsieur Delcourt.

SCÈNE XI ET DERNIÈRE.

Madame DUBUS, PERNÉTI, DELCOURT, Mad. PERNÉTI, HENRIETTE, ARLEQUIN.

Mad. DUBUS.

AUTANT je me suis opposée à votre Mariage, autant j'en viens presser la conclusion. Henriette est vertueuse, & conséquemment digne de nous. La vertu seule nous distingue.

PERNÉTI.

Cette Noce se fera dans la joie des Grâces, & Pallas n'auroit pas honte de s'y trouver. L'Épouse n'entendra jamais que mon Cœur, & l'Époux que mon Amour.

HENRIETTE.

Mon Père l'honorera sans doute de sa présence?

PERNÉTI.

Je ne saurois. Dès que j'aurai fait fermenter mes Substances: j'ai à séparer l'Or de tout Métal, par le moyen de l'Antimoine; l'Argent d'avec l'Acide nitreux, par la Distillation; à déflegmer l'Esprit-de-Vin, par les Sels alkalis; & à analyser le Nitre, par l'Arsénic.

Mad. PERNÉTI.

Soyez unis à jamais, mes Enfans, & aussi heureux que vous méritez de l'être.

HENRIETTE.

Sur l'air: *Nous sommes Précepteurs d'amour.*

Pour resserrer nos tendres nœuds,
Puissent nos bras être des chaînes!
Puissent nos plus sincères vœux
Alléger vos maux & vos peines.

DELCOURT & HENRIETTE, *ensemble.*

Sur l'air: *De tous les Capucins du monde.*

Feu divin, amoureuse flamme,
Consumez, embrâsez notre ame,
Communiquez lui vos ardeurs.
Vous nous faites ce que nous sommes:
O divinité de nos cœurs!
Sans vous rien n'est bon dans les hommes.

PERNÉTI.

Puissiez-vous avoir une nombreuse lignée! D'après ce souhait, j'apporte à ma Fille des Bijoux, que personne ne s'avisera de lui offrir. C'est d'abord un Hochet :

Il est des Hochets pour le Sage.

Ensuite c'est une Poupée :

Il en faut à l'Homme à tout âge.

Ce cadeau paroîtra superflu, puisque ma Fille n'est plus un enfant; mais il lui sera utile par la suite : il a quelque chose d'augural. Je me tais, comme on faisoit autrefois, quand les Auspices avoient prononcé.

FIN.

J'AI lu, par ordre de Monsieur le Lieutenant Général de Police, *Henriette*, Comédie mêlée d'Ariettes : & je crois qu'on peut en permettre la Représentation sur le Théâtre des Boulevards. A Paris le 2 Janvier 1768.

MARIN.

Vu l'Approbation : permis d'imprimer & représenter, ce 4 *Janvier* 1768.

DE SARTINE.

www.ingramcontent.com/pod-product-compliance
Ingram Content Group UK Ltd.
Pitfield, Milton Keynes, MK11 3LW, UK
UKHW022139170726
13837UKWH00004B/1658